Lyrik von Mensch zu Mensch

von

Bernd-Ulrich Meyer

Bibliographische Information der Deutschen Bibliothek:
Die Deutsche Bibliothek verzeichnet diese Publikation in der
Deutschen Nationalbibliographie; detaillierte bibliographische Daten
sind im Internet unter http://dnb.de abrufbar

Impressum

© Bernd-Ulrich Meyer 2004
Herstellung und Verlag: Books on Demand GmbH, Norderstedt
Covergestaltung: Bernd-Ulrich Meyer
Satz und Layout: Bernd-Ulrich Meyer
Foto und Bildbearbeitung: Bernd-Ulrich Meyer

Inhaltsverzeichnis

Vor allem 8
von mensch zu mensch 10
leben im fluss 11
mein lächeln 12
immer bei dir 13
doch noch 14
stete geburt 16
synonym 16
fortgang 17
kirchenrecht 18
seelenfrieden 19
gerücht 19
martyrium 19
opfer 20
abendmahl - morgen geschichte -
wenn überhaupt 21
tag für tag 22
überlegung 23
bis auf weiteres 24
das alles 25
ums leben 26
nur eine kurze frist 27
manchmal 28
hundeseele 29
missglückt oder
ich wollte für dich schreiben 30
memorial 31
denkwürdig 32
verständlich 33
ihr 34
nachruf 35
irgendwann 36
leben 37

sinn-lich 37
gewisse liebe 38
wortlos 39
wieder 40
großstadteremit 41
erfahrung 42
ich 43
lebenslauf 44
schattenriss 45
angst des fischers 46
zweifel 47
frist 47
ohnmacht 48
gerede 48
katastrophe 49
kaum noch zeit bis zu 49
gegenwartslos 50
unerkannter held 51
sein 52
abfall 52
zeit 52
jugendtraum 53
vorsehung 54
unend - lich 55
gedankenflug 56
streitgespräch (gewinner) 57
streitgespräch (verlierer) 57
erkannt 58
sie 59
bekenntnis 60
vorbild 61
mahnung der nacht 62
die kunst des lebens 63
irgendein abend 64

die wirklichkeit
ist unsere empfindung
dessen
was auf uns einwirkt

der wunsch
ist die freiheit unserer gedanken
darüber
was wir empfinden möchten

die wahrheit
jedoch ist
was tatsächlich mit uns geschieht

Vor allem

Leben ist niemals gleich Leben. Das Leben als solches erkennen und in seiner Bedeutung erfassen vermögen, sein eigenes Leben identifizieren können und das Bewusstwerden der eigenen Existenz ist der Nährboden neuer Lebenskraft und neuen kraftvollen Lebens. Wissen, was es heißt zu leben und die Auseinandersetzung mit unseren Handlungsweisen, ihrem Entstehen, ihrem Verlauf und ihren Folgen, macht uns zu Menschen mit Gewissen, lässt sich uns nähern, indem wir unser eigenes Leben nach Wunsch und Streben organisieren, ohne dabei den Respekt vor anderer Leben zu verlieren.

Voraussetzung hierfür ist die Fähigkeit, sich selbst zu durchschauen sowie die Verständigung mit den anderen. Das Wissen um die Ängste, Sorgen, Freuden und Erkenntnisse anderer ist der Schlüssel zu aller Gemeinsamkeit. Sich anderen eröffnen und andere sich öffnen lassen ist der Anfang einer gesunden Gemeinschaft.

Zu diesem Ziel aber führt ein oft beschwerlicher Weg. Wo Wissenschaft und Forschung Tag für Tag triumphale, für den einzelnen oft unfassbare Erfolge feiern, wo die Medizin mehr denn je in die Zusammenhänge des menschlichen Organismus dringt, so wenig wissen wir doch gleichsam über die elementaren Ursprünge des Menschseins.

Sind wir glücklich, weil wir gesund sind oder sind wir gesund, weil wir glücklich sind, sind wir unglücklich, weil wir krank sind oder sind wir krank, weil wir unglücklich sind?

Das Menschsein hat uns viele Fragen mit auf den Weg gegeben, Fragen, die wir meist dennoch nur zu arglos übergehen. Mag sein, wir halten sie für unbedeutend, mag sein, sie erscheinen uns trivial. Doch machen wir uns nur einmal die Mühe und halten inne, um einen kleinen Baustein unseres Lebens zu durchdringen, so treten schon bald unsere übrigen, sonst so vordergründigen Sorgen, mit denen wir uns den Tag über nur allzu oft sinnlos belasten in eine andere Dimension zurück.

Menschsein, was heißt das? Was überhaupt ist es denn, das uns zu Menschen macht? Vielleicht lohnt es mehr als wir ahnen, dass wir uns von Zeit zu Zeit auf diese Fragen besinnen, besinnen darauf, dass wir denken und sprechen können, dass wir Gefühle haben und lieben können.

Teilen wir uns mit und versuchen zu verstehen, uns selbst und andere. Heilen wir uns von Einsamkeit und Krankheit, von Sorgen, die keine Sorgen sind und hüten uns vor Arroganz und Selbstüberschätzung. Suchen wir wieder das Vertrauen, denn nur die Gemeinsamkeit lässt uns leben. Und für eine gesunde Gemeinschaft ist es noch nicht zu spät.

Bleiben wir Menschen!

von mensch zu mensch

jeder schritt
den man im leben geht
lässt eine spur zurück
im eigenen gedächtnis
und auch bei denen
die diesen schritt mitgegangen sind
irgendwie

viele der spuren sind bedeutungslos
und schnell verweht
wie abdrücke im lockeren wüstensand

andere wieder sind beständiger
und weisen den weg
für den nächsten schritt
in den eigenen gedanken
und auch bei denen
die diesen schritt mitgegangen sind
irgendwie

auch sind da die
die vergraben sind
als schmerzhafte erinnerung
wie ein vulkan der schläft
aber immer mal wieder feuer spuckt
im eigenen gedächtnis
und auch bei denen
die diesen schritt mitgegangen sind
irgendwie

aber
dann gibt es noch
einige
wenige
die sind wie ein kostbarer schatz
und die bleiben nicht im gedächtnis
oder in gedanken
die finden ihren platz
für immer
direkt im herzen
im eigenen
und auch bei denen
die diesen schritt mitgegangen sind
irgendwie

leben im fluss

die kürzeste einheit der zeit
ist die gegenwart
nicht mehr
als ein einziger gedanke
zwischen vergangenheit
und zukunft

mein lächeln

ich will euch heute mein lächeln schenken
meinen frohsinn teilen mit euch
dass es euch gibt
durch die straßen schlendern
und eure blicke suchen
neugierig
wen mein lächeln treffen wird

doch eure augen finden mich nicht
und sehen an mir vorbei
als wäre ich unsichtbar
welche gedanken müssen euch quälen
dass ich euch keines blickes würdig bin

so gehe ich nach hause
vor meinen spiegel
und schenke mir
mein eigenes lächeln

denn wenigstens ein lächeln
brauche ich am tag.

immer bei dir

könnte ich doch
dein schatten sein

in jedem augenblick
deines lebens
wäre ich dir
so nah

auch
wenn es dunkel
um dich ist
sähest du mich nicht
aber du würdest spüren
ich bin doch da

doch noch

jeder neue tag
schenkt mir
wieder und immer wieder
die begegnung mit anderen menschen
mit menschen
die zuvor noch nicht
teil meines lebens gewesen sind

die meisten von ihnen
sind mir schon bald wieder
aus dem sinn
doch von manch einem
empfange ich die botschaft
sieh noch einmal her
zu mir

und von zeit zu zeit
wenn mein vertrauen
ganz langsam
erwachsen geworden ist
beginnt mit diesem moment
eine freundschaft
die so leicht
nichts mehr zu erschüttern vermag

doch als ich
dich
zum ersten mal sah
hat dich mein blick
erst gar nicht wieder verlassen
denn etwas war anders
als die anderen tage

all die sonst aufmerksamen
wächter meiner sinne
hatten plötzlich ihre macht über mich
verloren
und öffneten dir
fast ohne gegenwehr
den zugang zu all dem von mir
das ich ganz tief in mir verborgen halte
weil es mich so verletzlich macht

bei dir aber spürte ich
wahrhaft körperlich
wie sich deine gedanken
durch den raum
mit den meinen trafen
und zu einem einzigen verschmolzen sind
als wären wir uns
schon seit jahren vertraut

wie unbeschreiblich dann erst
die gewissheit
mit der zeit
dass mein gefühl mich nicht betrogen hat
und
dass es doch noch menschen gibt
wie dich
die sich nicht scheuen
ganz ohne vorbehalt
auch offen zu zeigen
was sie für dich empfinden

und so ist es
mit jedem mal von dir
ein zärtliches streicheln meiner seele
als energie meines lebens
für das ich dir so unendlich dankbar bin

stete geburt

es gibt menschen
nicht viel
die zu beneiden sind
die wissen
dass sie leben

synonym

liebe ist leben
leben heißt lieben

das leben lieben
die liebe lieben
lieben

das leben leben
die liebe leben
einleben erleben beleben durchleben
leben

mit liebe leben
mit liebe lieben
mit leben leben
mit leben lieben

ohne leben keine liebe

ohne liebe kein leben.

fortgang

sie kamen
nahmen früchte mit
vom wege
die sie fanden
sie aßen sie
und fragten nicht
und nahmen mehr
und aßen

nur leere schale
blieb zurück

sie gingen
und sie waren selbst
wie früchte
die sie aßen
und andere kamen
nahmen sie
und fragten nicht
und aßen

nur ihre schale
blieb zurück

kirchenrecht

seht
herab auf das land
wo man aus trümmern kreuze macht
für die
die sie zum blutopfer tragen
auf den rauch verbrannter hoffnung
als signal zum himmel getragen
auf das land
wo man mit bomben zum beten geht

hört ihre predigten von liebe
aber achtet
auf das messer in ihrer hand
hört
das erbärmliche wimmern der kinder
deren mütter
im namen des vaters
von bomben zerrissen
und des sohnes
deren väter
erschossen sind

liebe macht blind
glaube tötet

wofür sie kämpfen
zerstören sie
denn sie wissen nicht was sie tun
aber für wen
vielleicht

seelenfrieden

das weiße gefieder
vom blut verklebt
ist die taube
dem glauben erlegen

gerücht

im morgennebel des verdachts
verkommt
die blume der vernunft

martyrium

das meer
von ozon
vom gas verklärt
erhebt sich
zum letzten gebet.

opfer

angefangen aufzuhören
es steigt der süße tod zur seele auf
dem lichten schein entgegen
schwerelos
durch meere wunderbarer farben
für ein paar stunden angstvergessen
im halb verwesten fleisch
der seele heilung spielend

und bunte elefanten fliegen durch die luft

ein neues opfer stirbt
für uns
wer wagt den rechten schluß
wenn schnee zu asche wird
und traum
zu angst
zu tod
er muss gezogen sein

denn bunte elefanten fliegen durch die luft

und opfer kann nicht sein
was nur statistik bleibt.

abendmahl - morgen geschichte - wenn überhaupt

weltmenschen
ihr menschen von welt
rüstet euch
ab oder auf
wie es heißt
was macht es
einerlei

die einen marschieren funktionieren
die anderen rebellieren reagieren

reaktion
gegenreaktion
kettenreaktion
kernreaktion

frage nicht
wer warf den ersten stein
es ist morgen geschichte
aber frage
wer wird den letzten werfen können
von denen wird die geschichte geschrieben
sein
wenn überhaupt

seid gerüstet
noch vor dem abendbrot
abendrot
abendtot
morgen begraben
ende.

tag für tag

von meiner brücke
herab
zehn schritte vielleicht
das wasser mit
meinem schatten
mein blick
verschwommen nur
nicht so alt
scheint mir
wie ein magnet mein schatten

zwei stunden oder mehr
sehe ich ihm zu
schon lange nicht mehr
nur mein schatten
er kommt auf mich zu
ich habe ihn fast
schatten über mir
meinem schatten

zu spät
die sonne scheint nicht mehr
vielleicht morgen

überlegung

meinen eltern
bester
wollte ich sein
mehr als nur
freund
meinen geschwistern
vorbild
meinen kindern
soll ich sein
meinen feinden der
härteste
und meinen freunden der
treueste
dir möchte ich der
liebste
sein - der
größte
wäre ich wohl
wüsste ich
was ich mir selber bin

bis auf weiteres

was wird
wenn
was wird werden
wenn uns nichts mehr wird
sein
wenn nichts mehr ist
und wie geht es weiter
wenn es so weitergeht
immer weiter
ohne weiters und so
nur so weiter
warten wir ab
bis dahin werde ich malen
schatten
große und kleine
bis auch ihnen das licht ausgeht
und so weiter
weiter nichts

das alles

gezähmt ist der wind
der nur
für die einen
noch bläst
in ihrer gewalt
ist das meer
das meer das
bei bedarf
ganze länder versenkt
atom für atom
ihre macht
gezähmt sind gezeiten
der wald
auch das all
ist längst nicht mehr
herr seiner selbst
das alles
haben sie geschafft

das alles haben sie
gezähmt und gebannt
die natur die erde das all
das alles
haben sie in ihrer gewalt
das alles
nur nicht
sich selbst.

ums leben

todvater
was sollen wir fürchten
noch schläft der krieg
in den gräben

wir haben nicht mehr zu verlieren
als unser leben

todmutter
was sollen wir fürchten
noch wacht die angst
über den gräbern

wir haben nicht mehr zu gewinnen
als unser leben

todesangst über todesgräbern
im schwangeren leib
ihre todesbrut
noch schweigen die waffen
zwischen den gräbern

wir haben nicht mehr zu fürchten
als unser leben

nur eine kurze frist

an einem frühlingsmorgen
blies mir herbswind entgegen
der sommertag brachte winterfrost

in meinen adern fließt der tod

ahnengebeine liegen begraben
meine werden folgen
wenn der winterfrost geht

noch ist der boden zu hart

es wird tauen
am frühlingsmorgen
und die erde wird weich sein
für mein grab

wenn ich noch lebe
trotz allem
nur durch zufall oder durch glück

so wird die wissenschaft sagen.

manchmal

ich stehe am offenen fenster
und ich weiß nicht warum
mein blick geht hinaus
aber ich weiß nicht wohin
unendlich viele gedanken kommen mir
und ich weiß doch nicht woher
manche von ihnen möchte ich vergessen
können
doch ich weiß nicht wie
andere wieder möchte ich mit vielen teilen
können
doch ich weiß nicht mit wem
und ich denke nach
nur worüber weiß ich nicht
und dann bin ich mit der zeit weit weg von hier
aber ich weiß nicht wo
ich weiß nur es steht jemand am offenen
fenster
doch ich weiß nicht mehr wer.

hundeseele

fast wie ein hund
laufe ich dir nach
und stehe an deinen füßen
ich sehe hinauf
und hoffe dabei
nur auf dein wort
deine hand
mein glück

wenn es dir gefällt
bückst du dich
zu mit herab
mein glück
dein streicheln
dein wort
ich will vor freude weinen

dann gehst du fort
hast mich vergessen
hast bis zum nächsten mal genug
ich seh dir nach
was soll ich tun
mein halsband wird zu eng

ach wärst du doch
ein hund
wie ich

missglückt oder
ich wollte für dich schreiben

dir will ich
den eris geben
von paris den goldenen apfel
für aphrodite
      meine liebe
      will ich dir schenken
dir will ich
meine worte geben mein
gefühl und mein bestand
für dich
      meine liebe
meine liebe
will ich dir schenken
dir
ein liebesgedicht schreiben
meine liebe
dich
will ich
beschreiben

angefangen stundenlang
worte habe ich
für beide nicht

memorial

verlernt hatte ich
das licht zu sehen
von dem der schatten lebt
versäumt die gedanken zu zählen
die sich in ihm verirrt

stunden und schritte
habe ich gezählt und
ob sie der mühe lohnen

die vögel
vergessen hatte ich sie
die erst lernen zu fliegen

meine schale habe ich abgelegt
mit dir will ich lernen zu fliegen

denkwürdig

so oft sah ich
auf der weide
die kuh
in der herde
im hof
im stall

und so oft denke ich
bei goulasch
daran
wie schön
ein mensch
zu sein

verständlich

verständnis
von allen
die glauben zu verstehen
verständnis
von denen
die glauben
von denen
die verstehen
glauben und
zu glauben verstehen
von allen dazu -
die welt wäre ein paradies

ihr

vor euch
trete ich
tag für tag
ich der ich nicht denke
wie ihr
ich
der ich nicht lachen
nicht weinen kann
und nicht verstehe
nicht spreche
wie ihr

nicht verstehe
warum ihr eure hände
vor mir
so schnell
in den taschen
versteckt
mich zu vergessen
aus abscheu und scham
heimlich entkommt
nicht zu kränken
das arme tier
und doch
mit den augen
das urteil gefällt

durch meine augen
seht euch an
ihr
die ihr mein leben
nicht kennt

und versteht
dass ich
nicht mitleid will
nicht bedauern
nur leben
ein wenig
wie ihr.

nachruf

in braunes holz
haben sie dich gelegt
gestern begraben
höre ich sie reden und klagen
klagen und reden
und den wunsch äußern sie noch
dass sie dich gerne noch bei sich sähen
sie sagen
was für ein mensch du warst
ein mensch wie ich ihn
lange schon suche
erzählen
was du ihnen gewesen bist
mir scheint
einen besseren als dich
wird es nie geben

wüsste ich nur
warum du dir
das leben genommen hast

irgendwann

aus der küche trage ich
mein abendbrot
ins zimmer
bevor ich anfange zu essen
die zeitung lesen
  wie jeden abend
  vorher komme ich nicht dazu
nichts neues
das gleiche wie gestern
erhöht worden, gescheitert
ergebnislos vertagt
ich bestreiche mein brot und
öffne die flasche mit bier
bei neuen bombenangriffen
zahlreiche personen getötet
ich hole noch den käse herein
und belege damit mein brot
verhungern jährlich
tausende von menschen
ich falte die zeitung zusammen
  wie jeden abend
wenn ich nachher noch
zeit habe
werde ich weiterlesen

leben

leben
lernen
lernen zu leben

lernen kostet zeit
wer lange lebt hat viel zeit
wer viel zeit hat
kann lange lernen

ist also leben
lernen zu leben

sinn-lich

was kann es sein
das uns streben läßt
zu neuem
großen
erfolg
es drängt uns weiter
vollkommen zu sein
um zu bestehen
vollendet

wie dumm müssen wir sein
zu wünschen
vollendet zu sein

vollendet
zu ende
tot
nur ein toter ist vollendet.

gewisse liebe

ich liebe
die
die mich lieben
mit denen ich lieben kann
wo ich liebe erwidern kann
ich liebe

ich liebe
die
die freunde sind
mit denen ich reden kann
wo ich mit hilfe rechnen kann
ich liebe

ich liebe
die
die feinde sind
mit denen ich streiten kann
wo ich standpunkte klären kann
ich liebe

und ich hasse
die
die mich quälen
mit denen ich leben muss
denen ich gleichgültig bin.

wortlos

wie soll ich anfangen
dir zu sagen
was ich sagen will

ich liebe dich -
ist längst nicht was
ich meine
deine augen lippen hände
in erwartung
mein gefühl

deine schönheit
zärtlichkeit
dein atem
meine ungeduld

sage nur
dass du mich liebst
und du wirst wissen
was ich nicht sagen kann

wieder

der morgen
der tag
der abend von
ares und aphrodite
vergessen zwischen ihnen
der tag

die nacht
die eros
zum leben verhalf
am morgen
die nacht vergessen
nur
wieder tag

großstadteremit

über den dächern ist es dunkel geworden
lautlos kam die nacht in die stadt
nur das wohltuende licht
das durch die fenster scheint
sagt mit
ich bin noch wach

es verschweigt mir aber
was hinter den fenstern ist
das mir so unbekannt
und doch so vertraut
das schicksal
vom heimweg mitgenommen
das jeder mit sich verschlossen hat

wie gern wüsste ich
warum bei manchen das licht wärmer scheint
brächte von meinem
mit mir
noch wärme dazu

aber ich warte
bis auch das letzte licht verloschen ist
und mir am nächsten morgen
jeder noch immer so fremd
wie am tag zuvor

erfahrung

am frühen strand
hielt deine sandburg der ersten welle
nicht stand
den wiederaufbau
brach die zweite
du aber bautest weiter sandburgen
auf sand
mit sand

als ich zurückkam
am strand
sah ich
die abdrücke deiner füße
im sand von den wellen
weggeschwemmt
und ich verfluchte das meer

ich

meine gedanken
trug ich
schon lange nicht mehr
in meinem kopf
auf den lippen
gingen sie fort

auch meine ruhe
trug ich
seitdem nicht mehr
mit mir herum
die gedanken
nahmen sie mit

die gedanken
trage ich
wieder
mit
geschlossenen lippen
im kopf

ich schäme mich dafür
und hoffe dabei
dass nicht alle
so sind
wie ich.

lebenslauf

ich

      wurde
      bin gewesen
      war
      bin
      werde
      werde sein

      werde gewesen sein

hoffentlich gut.

schattenriss

auf mattweißer wand
als schatten
ihr figur
von zierlicher schönheit
geformt
ihre beine
die hüfte
die arme
ihr kopf
mit seinem schleier
aus haar

ihr lieblicher schritt
jede pore der haut
läßt sich im bild
erahnen

nur ihr gesicht
ihre augen
ihr blick
ihr gefühl
und ihre gedanken
ihr ich
die gingen im dunkel verloren

angst des fischers

den blick gesenkt
ins stille wasser
erscheint mein bild dämonisch
wo meine
angel
frieden stört
und dort im spiegel der unendlichkeit
des himmels und der sonne
mein kopf wird schwer
mein sinn gehört nicht mir
und mit verführerischem reiz
ruft mich die schöne welt zu sich
und sie erscheint mir besser
als die meine
doch kann ich
wenn ich gehe
nicht zurück
und sehe
diese
meine welt
nicht wieder

zweifel

worte
leer
kaum wahrgenommen
zarte schönheit säumt der verzweiflung grund
worte
schweben unverstanden
schwarz der karren
schwarz wie der tag
metall auf metall
unendlich monoton
des himmels stimme - kommt nun auch zu spät
worte
leer
nicht wahrgenommen
blick zurück - ertränkt
nach vorn - ratlos
worte
eben nur worte

frist

november
gehetzt die schwarzen bataillone
der wolken
weltuntergang am 35. mai
im fegefeuer
grimmassen
vor erkalteter sonne
weltuntergang am 35. mai
zeit zu leben

ohnmacht

wissen ist macht

viele wissen nicht
viele haben keine macht
viele wissen
sehr viele haben macht

haben also zu viele
die nicht wissen
macht.

gerede

eine scharfe axt
führt sie
bringt rosen und
nimmt sie wieder
die einen sagen
alle wunden
heilt sie
sie hat starke zähne
die anderen
und dass sie alles zernagt
hörte ich
doch ihr zahn
ist nicht gesund
bleibt zu hoffen
rat kommt tatsächlich
mit ihr
der zeit

katastrophe

wasser flammen
stürme lamentieren tod
schrei erstickt im wahn
oben unten drehen schwindlig
ohnmacht
schweigen
tod.

kaum noch zeit bis zu…

die tage sind kurz
mir bleibt
kaum noch zeit
letzte
vorkehrungen
zu treffen
zu tun
was noch zu tun bleibt
bevor jener tag dann kommt -
alles ist genau durchdacht
keiner soll leer ausgehen -
und so schreibe ich
was eben noch
zu schreiben ist
und hoffe
es ist alles richtig
das letzte wort habe ich
zu papier gebracht
und sehe ihm
gelassen entgegen
dem weihnachtsabend

gegenwartslos

heute schon an morgen denken
vorgesorgt
nur für den fall -
schließlich könnte ja sein
gesetzt den fall
dass unter umständen
vielleicht
wenn man bedenkt
und man sollte das tun
möglicherweise
durchaus
eventuell
so oft
so viel
und so schnell
etwas passiert

für morgen ist gesorgt
heute fast vorbei
an übermorgen wird morgen gedacht

unerkannter held

ich halte dein leben
in meiner hand
wehrlos
folgst du mir
wie ich dich führe
mein wille muss auch deiner sein

kein zweifeln und kein widersprechen
hängt dir an
nur manchmal
glaube ich
gehst du mir fremd
dann korrigiere ich deinen weg
und halte dich fester

und wo ich doch ohne dich
nicht leben kann
wirst du nie dank von mir erfahren
wenn dein ende gekommen ist
hast du dein leben verbraucht
für mich
mir aber bist du nichts mehr wert
und ich werfe dich fort
und ohne ein gefühl der schuld
nehme ich einfach den nächsten
bleistift
zur hand

sein

das sein
des willen
im sein
verrät
das sein
des willen
zu sein.

abfall

vergeblich
sucht er
seit jahren
sein eigen
im müll
verlorener gesichter

zeit

wenn deine kinder mich sehen
eilen sie an mir vorbei
und ich bilde mir ein
sie sehen mir spottend nach

ich beachte sie nicht
und doch bitte ich dich
dich nicht auch zu benehmen
wie sie

jugendtraum

mein bild
über ihrem
als eins
auf dem fluß einerlei
zu zweit
den jägern
am ufer
entkommen

vorsehung

meine zellen teilen sich
ich kann nichts tun
sie fügen sich zusammen
und lassen mich sein
ich kann nichts tun
was in ihnen ist
bin ich
aber was

bin ich nur summe meiner zellen
oder ist jede zelle
ich
muss ich so sein wie ich bin
oder entscheide ich selbst
ich denke
ich kann entscheiden
was aber ist entscheiden
tue ich doch nur was ich tun muß
mir fiele manches leichter
denn ich wüsste
ich kann nichts dafür

vielleicht aber kann ich meine zellen
dressieren
und sie tun was ich will
oder will ich doch nur
was sie tun

fühlte ich mich nur nicht so
verantwortlich für mich

unend - lich

minuten meiner stunden
am abend
kam mir der tag abhanden
die stunden meiner tage
ich habe sie gesucht
die nacht
habe ich gefunden
die hoffnung meiner wochen
blieb
da brachtest du
mir den tag zurück
hast mir deinen dazu
geliehen -
wollte ich beide behalten
sah ich
in deinen augen die nacht

doch was ich sah
war nicht die nacht
war am morgen
die scheu
vor dem tag

vergessen vielleicht
kann ich so
die nacht

gedankenflug

von sonnenstrahlen durchkämmt
das blasse grün
mich zu sich winkender bäume
über ihren ästen mit junilaub
erfinde ich
meine liebe neben deiner
uns auf ikarosflügeln
dem blauen sommer
der sonne
entgegen
allein

streitgespräch (gewinner)

probleme
ideen
formulierungen
gespräch
vielleicht neue ideen
streit

dasselbe
von vorn
nichts neues von mir
nur anders
mit nachdruck -
geschafft

streitgespräch (verlierer)

probleme
ideen
formulierungen
gespräch
neue ideen
streit

dasselbe
von vorn
wieder nichts
nichts neues
gar nichts mehr

erkannt

du sagtst
mein kind
dass du nicht schlafen kannst
so will ich dir
märchen erzählen

es begab sich einmal
es war zu der zeit
als aladin
sesam öffne dich
die geißlein
und rotkäppchen
gefressen
zu allem noch
rumpelstilzchen
zu tode kam

doch kind
ich sehe
dass du nicht schlafen kannst -
es sind ja auch
gar keine märchen

sie

meine hoffnung
war
eine blume
die ich gegossen
jahr für jahr
geschützt und gepflegt
bis sie
die erfüllung
war

meine blume
ich werde sie
stützen
so lange so gut
wie ich kann

denn ginge sie fort
ginge mit mir
mein glück
und auch
mein leben

bekenntnis

an vielen gräbern
habe ich schon gestanden
gestehend
dass ich vieles
zu sagen
schuldig geblieben war

vielfach die schuld
begleichen
will ich
euch
meinen freunden
mit jedem tag
an dem ich euch
zu verstehen gebe
meine freude
gemeinsamkeit mit euch
zu leben

vorbild

füße treten grünes gras
beine rennen seele aus dem leib
seele bald abhanden

arme halten zerren stoßen
sehnen dehnen reißen
körper fliegen fallen hart
knochen knochen brechen

publikum hat zugeschaut
später draußen
knochen brechen

mahnung der nacht

noch liegt die beruhigende stille
des frühen morgens über der stadt
und meine seele sollte sich in den träumen
der vergangenen stunden wieder geordnet
haben
doch ich bin erwacht
und schlafestrunken
verwirrter denn je

welch ein schauspiel
spielten da meine gedanken mit mir
aus bildern längst vergessener zeit
vereint mit der absurdität des heuteseins
die meisten längst wieder vergessen
ins nichts
die anderen eingebrannt
für tage lang

was will es mir sagen
mein innen-ich
sprich zu mir
warum ängstigst du mich
bist du der teuflische plan
der mich verführen soll
so kämpfe ich gegen dich
mit meinem außen-ich

du wirst mich nicht besiegen
aber hintergründige mahnung sein
für alle meine tage

die kunst des lebens

immer und immer wieder
habe ich mich gefragt
was wohl das geheimnis
der zufriedenheit
sein mag

viele jahre hat es gebraucht
bis ich endlich verstanden hatte

die kunst des lebens
ist die bereitschaft
gefühle und emotionen
zu empfinden und zuzulassen
um sie dann
in angemessener form und dosierung
wieder freizulassen

irgendein abend

am abend
auf der beschatteten straße
aus neonreklame
die vielleicht kudamm heißt
verrät mir mein atem
großstadt

durch die passage zum restaurant
vom kino
in den korbsessel
vor dem café
auf der anderen seite
sitze ich
vor meinem glas
oder so
als gast
wenn die touristen kommen
und frage mich
warum ich gerade jetzt
an den hof denken muss
da hinten
in moabit
oder so
die zerbrochenen scheiben
die kinder zwischen den mülltonnen
die wäsche in den fenstern
und den bettelnden krüppel am eingangstor

nur
weil auch das zu berlin gehört?